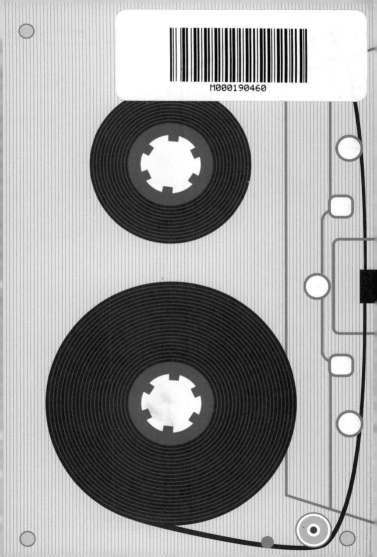

LIFE IN STEREO

NORMAL BIAS

COMPACT NOTES

RECORD OF THOUGHT

DUAL MEMORY

B _____ _____ _____

A ___ ___ ___

B

B   — — —

B   — — —

A

B ___ ___ ___

A ___ ___ ___

B   __ __ __

A ___ ___ ___

A __ __ __

B ___ ___ ___

B ___ ___ ___

A

___ ___ ___

B   ___ ___ ___

B

A _ _ _

B — — —

B

___ ___ ___

B　　　　　　— — —

A   __ __ __

A

B ___ ___ ___

A

A

B

A

B ___ ___ ___

A

B

A ___ ___ ___

A

B

B

A
___ ___ ___

B   ___ ___ ___

A   — — —

B _____ _____ _____

A ___ ___ ___

B ___ ___ ___

A ___ ___ ___

B

A   ___ ___ ___

A ___ ___ ___

B ___ ___ ___

A   ___ ___ ___

B ___ ___ ___

B _____ _____ _____

B ___ ___ ___

A

A

A ___ ___ ___

B ___ ___ ___

A   ___ ___ ___

B ___ ___ ___

_____ _____ _____

A   — — —

A ___ ___ ___